Air Terre Feu Eau... Amour

LES 5 ELEMENTS

Lydia Montigny

LES
5
ELÉMENTS

© 2019 Lydia Montigny

Éditeur : BoD-Books on Demand
12-14 rond-point des Champs-Élysées, 75008 Paris
Impression : Books on Demand, Norderstedt, Allemagne

ISBN : 978-2-3220-3320-1
Dépôt légal : Mai 2019

Livres précédents :

- *Dans le vent* (VII 2017) BoD
- *Ecrits en amont* (VIII 2017) BoD
- *Jeux de mots* (VIII 2017) BoD
- *Etoile de la Passion* (VIII 2017) BoD
- *As de cœur* (XI 2017) BoD
- *Pensées éparses et parsemées* (XI 2017) BoD
- *Le Sablier d'Or* (XI 2017) BoD
- *Rêveries ou Vérités* (I 2018) BoD
- *Couleurs de l'Infini* (II 2018) BoD
- *Exquis Salmigondis* (V2018) BoD
- *Lettres Simples de l'Etre simple* (VI2018) BoD
- *A l'encre d'Or sur la nuit* (IX2018) BoD
- *A la mer, à la Vie* (XI2018) BoD
- *Le Coeur en filigrane* (XII2018) BoD
- *Le Silence des mots* (III2019) BoD
- *La Musique mot à mot* (IV2019) BoD

La plus belle Histoire

Que j'ai écrite

Est celle que tu lis…

... LES CINQ ELEMENTS...

Dans le vol d'un oiseau
Il y a tant d'espoir
Tant de jours et de soirs
Et son essentiel est... l'air

Dans une goutte d'eau
Il y a la guérison
La folie, la passion...
Peut-être la raison...

Dans le feu de l'esprit
Brûle l'encre de la poésie,
Noircissant les lignes d'une main
Dans la blancheur du matin...

.../...

…/…

Du sel de la Terre
Poussent les arbres fiers
Et sous le soleil, centenaires,
Ecoutent le chant de l'Univers...

Dans le jour qui se lève
Sous ce drap qu'on relève
Je meurs et renais de la fièvre
D'un mot d'amour au bord de ta lèvre

L'ATTRAPE REVE...

Une araignée
Rêvait d'attraper
Dans sa belle toile...
Toutes les étoiles
De la voie lactée...
... Et le jour s'est levé...

PARFUM DE LYS

Dans un petit jardin
Merveilleusement confus
Un matin apparut
Un lys sans parfum...

Les gouttes de soleil
Enivraient les abeilles
Et le parfum des fleurs
Fondait sur leurs couleurs...

Restait le petit lys
Aux pétales si tristes...
La nature l'avait teint
D'un blanc très anodin.

Puis le soir arriva
La lune se réveilla !
Quel fut son émoi
Lorsqu'elle découvrit là
Le lys solitaire
Au parfum de mystère...

.../...

.../...

Pensant qu'il s'agissait
D'une étoile tombée
Elle le prit doucement
Tout en le consolant
Le posa dans le ciel.
Il brillait à merveille !

Depuis dans le jardin
Flotte ce doux parfum
Envoutant, mystérieux...
Le lys est si heureux !...

Dans le vol d'un oiseau

Il y a l'attente longue,
immobile,
silencieuse,
essentielle

Qui fait du temps
un merveilleux présent...

LE VIDE ET L'ARTISTE

L'artiste a besoin de silence, de ce vide, de cette solitude pour créer, le combler, le remplir de son énergie...

Alors naît "la Chose», l' «œuvre»...

Puis il la partage, car il a besoin de donner, communiquer. Naissent alors d'autres inspirations comblant sa créativité, et le besoin de tout mettre en œuvre pour créer encore autre chose...

Tel un sablier que l'on retourne indéfiniment, parce que le sable prend toujours la place du vide, et de l'espace-temps...

Les mots se sont arrêtés

Et emmêlés en ruban de satin

Ils glissent entre tes mains

S'envolent vers ce jour

Qui est Demain….

Les larmes de la lune
Forgeront sur l'enclume
La force qui allume
La douceur de cette plume...
Le soleil éteindra
L'ombre et son aura
Et le jour fondra
Sur ta vie en un merveilleux éclat...

A... TENDRE LA MAIN...

Il était blotti là
Dans son petit coin
Baignant dans la pénombre,
Attendant sans attendre
Qu'on lui tende la main...

Il était recouvert
D'un vieil habit de cuir
Qu'entre l'ambre et le vert
Les couleurs ont dû fuir.
Qui aurait pu savoir
L'histoire de son histoire ?

Tout bas il grommelait,
Râlait et mâchouillait
Des mots venus d'ailleurs,
Des mots porte-bonheurs...

Parfois, il sanglotait
Et l'on voyait couler
Dans les reflets de la lune
Des gouttes taciturnes...

.../...

…/…

Et puis un beau matin
Un souffle le réveilla !
La poussière s'envola
Comme un joli nuage
Et une petite main
L'entraîna dans son voyage…

Ils étaient blottis là,
Cœur contre cœur,
Le livre et son lecteur….

Derrière l'horizon
Le soleil tourne en rond
Et puis… fait un bond !
La nuit s'éclipse… et fond…

DISPARU...

Il a disparu
Un jour de soleil
Personne ne l'a revu
Depuis ce Noël...

Les enfants l'adoraient
Toujours il souriait
Et sur son grand chapeau
Se posaient les oiseaux

Ami de tout le monde
Le monde faisait la ronde
Pour rire et chanter
Dans le paysage glacé

Il a disparu...
Il ne reste plus
Qu'une flaque d'eau
Et son grand chapeau...

L'Espoir

C'est comme le Soleil

Il faut encore et toujours croire
En sa lumière

Même lorsqu'il fait nuit...

... et demain, il brillera...

DE GRES...

Tu poses ta tête dans tes mains
Comme si le temps était trop lourd,
Comme si les mots doux de l'amour
Etourdissaient ton regard sans fin

Tu fermes les yeux, tu te souviens
C'était hier, presque demain,
Tu reconnaîtrais son parfum
Et son rire, c'est certain...

Tu tiens ta tête entre tes mains
Et tes mains entre ses mains
Semblent devenir l'éternité,
Comme si la vie t'avait sculpté
Et que son souffle désormais
Soit le sourire de la liberté...

BALADE A SAINT PAUL DE VENCE

Dans les rues coulent
Les pas de la foule
Les oiseaux roucoulent
Dans l'air où la farigoule
Se mélange au parfum
De ces somptueux grands pins.

LA FONTAINE

Il est une fontaine
Au cœur d'un vieux village
Où l'eau coule sereine,
Dans la lumière diaphane,
Sous les immenses platanes.

Elle verse dans son lit de pierre
Taillé par les hommes et le temps,
Ses rires et ses prières
Et les jeux des enfants.

Tant d'années ont coulé
Hivers, printemps, étés,
Automnes multicolores
Et l'eau ruisselle encore…

Un jour s'arrêta
Un voyageur fatigué.
Dans le creux de ses mains
Il but le breuvage cristallin

…/…

…/…

Et vit dans les reflets
Les images de son passé
Tendrement le regarder.

Les années ont glissé
Laissant parfois un regret,
Un sourire, une pensée…

C'est une fontaine
Chantant pour ceux qui aiment
Prendre le temps de regarder
Le temps qui ne fait que passer….

Le Bonheur

se cueille

dans une roseraie....

J'AI REVE DEMAIN…

J'ai fait un rêve aberrant
D'une pure naïveté,
D'une vraie simplicité
Troublant, transparent

Un rêve où je grimpais
A la cime des arbres
D'une immense forêt
Avec pour seule arme
Le chant d'une tribu
De chasseurs de lumière…

J'ai bu dans la rivière
Et m'y suis baignée nue
Sans aucune frontière
Entre peur et confiance,
Instinct et chance…

J'ai rêvé d'animaux
Calmes et bienveillants
Partageant terres et eaux
Avec les hommes, humblement…

…/…

…/…

J'ai rêvé d'être prisonnière
D'une vie verte, d'une vie pure,
D'un ciel jamais obscur,
D'un air léger, fruité,
Bleu de limpidité
Comme la promesse d'un lendemain
Celle que tu as entre tes mains…

Il est plus facile

de gravir une montagne

que de traverser le désert...

Mon côté optimiste

dit que la montagne

n'est qu'un gros caillou...

tandis que le désert... !

DEVINETTE...

Le soleil de glace
Etend ses longs rayons
A travers le brouillard
Et ces branches pétrifiées...

Le froid fige l'espace
Et les oiseaux tout ronds
Se blottissent en silence
Dans les granges de paille
D'une étrange grisaille...

L'hiver est immobile,
Même le temps si docile
Semble cristallisé,
Et les étoiles, givrées...

Dans cette ère de glace
Les ombres fugaces
Glissent sur le verglas...
Tout est intense, froid
Frissonnant et hostile

                                                          .../...

…/…

Je tremble et je vacille…
Ma chute devient folle,
Prodigieuse cabriole,
Je tourne, virevolte, vole,
….
Qui suis-je ?...

… ! nocolf un…

Pour avoir l'âme légère

Il faut être en Paix avec soi-même

Ignorer le temps

Avoir une vie simple

L'aimer

et lui sourire...

J'ai peint des lianes et des lierres
Des nœuds coulants se liant,
Des lits bleus pour les fleuves,
Des effluves doux se déliant
Lentement des anagallis…

J'ai peint de longs volubilis
S'écoulant des palissades,
Leur mauve pâle éblouit
Tous les lapis-lazulis
Et la folie légère des papillons…

J'ai peint des parélies,
Des rêves de ravenalas,
Des flux et des flots de fleurs
Aux parfums du bonheur…

Je t'ai peint ce monde avec mon cœur…

Voilà le Printemps

Immolant de douceur

Et de lumière

la rondeur

de la Terre...

LA MARELLE

Dessine une marelle
Sur la Terre piétinée.
D'un beau morceau de bois,
Trace comme il se doit
Des cases aussi belles
Que des grands champs de blé,
Et choisis un palet
Qu'il te faudra pousser
Comme une destinée
En sautant à cloche pied...

Les deux pieds sur la Terre
Tu viseras le Ciel
En évitant l'Enfer,
Gagneras l'immortelle
Sagesse de la vie,
Et aideras tous ceux
Qui n'ont jamais compris...
Chaque pas est heureux...

Dessine une marelle
Avec des pastels,
Des fleurs et des rivières
Sur notre petite Terre...

Dans mon Soleil

Il y a un Monde

                                        Qui fait la ronde

            A ton réveil...

Petit bateau sur l'eau,
Voguant au fil des flots,
Tu flottes indifférent
Avec ou sans le temps,
Et ton ami goéland
Te donne le sens du vent...
La mer que tu choisiras
Sera celle qui te choisira...

L'ORAGE VERT

L'orage vert est arrivé
Triturant la forêt
De ses mains hâtives,
Maladroites et vives...

Il entortille ses doigts
Dans les fougères coupantes,
Hurle des plaintes lentes
Sous la crainte et l'effroi,
Et mâchouille les feuilles
A la stupeur des écureuils,
Les recrachant plus loin...

La colère dans les poings
Il lance des éclairs
De lumière et de fer
Et puis répand les flots
De ses lourds sanglots...

        .../...

…/…

Sous cette pluie divine
La vie trébuche et rit
Partageant ce bonheur intime
Avec le soleil qui déjà sourit…

Il marche derrière cette ombre

parfois trébuche

et tombe...

Demain matin,

elle reviendra...

elle sera là

Alors il se relèvera...

Une goutte d'eau
Tombe là, sur ton front
D'un nuage pataud,
D'un orage furibond

Une goutte d'eau
Roule sur ta joue
Et meurt d'un amour fou
Sur le sel de ces mots

Une goutte d'eau
Comme une averse inouïe
Redonne la vie
Dans le désert trop chaud

Une goutte d'eau…
Une larme, c'est beau…
Pour un chagrin ou un rire
Par Amour, il pleut… C'est pire !…

Une Vie pour la Vie

Dans un cercle infini

Dans un vide si rempli

Sans jamais atteindre l'oubli…

Le temps tituba
Sur le tapis de vent
Et la statue se tut
Autant têtue
Qu'un poney pie....
Pourquoi t'es-tu tu ?
Il n'est pas pis,
Mais palpitant
De tituber tant...
Il tomba, tant pis...
Pas un titan ne tenta
De le relever de là.
Le vent n'attend pas
Va, et vis la vie !

Si l'Ignorance

est dans la minute

que l'on veut capturer,

Le Savoir

est dans la découverte

de sa fluidité

pour disparaître…

LA RIVE

Je lâche prise
Et quitte la rive
Plongeant dans l'eau vive
Claire et évasive
Mon cœur chavire
Comme un joyeux drille !
Comme le soleil brille !

Je flotte, dérive
Et les ombres lascives
Des roseaux s'esquivent
Au passage des cygnes ;
Gracieux, ils poursuivent
Une danse oisive...

Je quitte la rive,
Arrive à ce rêve
D'une vie qui vire
Sur ton rire je dérive
Ivre de vivre....

J'ai brisé

La porte des songes

Et enfin

Tu étais là…

SUR LE CHEMIN

Sur le chemin
Descendant à la rivière
Il y avait une pierre
Sculptée par le destin...

Mon grand-père passait là
S'arrêtant chaque fois
Pour se reposer un peu
Et parfois fermer les yeux.

De l'hiver à l'été
Les oiseaux chantaient
La course du soleil
Et la danse des abeilles.

       .../...

…/…

Le temps a voulu
Que mon père soit venu
Ecrire sur la pierre
La suite de cette histoire.

Chacun y puisait ses espoirs
Entre les pins et la bruyère
D'un bout de pain et de prières,
Et un jour comme hier
Je suis allée m'assoir
Sur la pierre légendaire
Unique dans l'univers…

Elle demeure le miroir
De toutes les espérances…
Cette pierre porte chance
A qui sait lui parler
…Et mon grand-père chantait…

Dans un rêve, il y a 1000 désirs
1000 sourires, 1000 rires
Dans mon rêve, il y a juste toi
Est-ce un rêve?...Dis-moi ...

ECRIS SUR LE TEMPS

J'attends que tu écrives
Des rivières et des rives
Des soleils plein de rires
Des lettres en délire

J'attends que tu lises
Mes sagesses et bêtises
Mes peurs qui se brisent
Ma vie, cette blague exquise

J'attends que tu me dises
Pourquoi tes mots me grisent
Et leur douceur m'enlise
Tel le vertige d'une surprise...

Vivre et rire de tout
De rien, de n'importe quoi,
Du reste... on s'en fout

Survivre et sourire surtout,
L'important c'est toi
Le reste... je m'en fous

JUSTE POUR TOI

Pour un jour, pour une heure
Je volerais la lune
Traverserais les dunes
Brûlantes de soleil
Sans eau ni sommeil

Pour une heure, un instant
Je ferais l'été blanc
De neige et de serments,
Et des feux d'artifices
De mes étoiles complices

Pour un siècle, une seconde
J'arrêterais le monde,
Le temps, les battements
De mon cœur bondissant
Pour une éternité près de toi...

Sur le ciel du lac

Les oiseaux dessinent

Avec grâce

Les ondes

De leur vol....

ETINCELLE

J'aimerais être cette étincelle
Tombée du ciel,
Vivre dans tes yeux
Pour que tu sois heureux,
Embuer ton regard
Pour lui dire "au revoir"
Et même plus encore
Quand tu aimes trop fort.

J'aimerais tant cette nuit
Tomber là, sur ton lit,
Te regarder dormir
Et te voir me sourire,
J'aimerais être l'amour
Dans ce ciel presque irréel
Pour que brille cette étincelle…
…Pour Toujours…

Les rêves

Déchirent les absences

Et

mettent des étoiles

autour de

ta présence...

H2O

Je ne suis que l'eau
Sans la forme d'un mot,
D'une logique évidente,
Simplicité transparente,
Une vie pour la vie
Sans atteindre l'oubli…

Sous la pluie
Tu cours, tu ris
En évitant les gouttes
Tu sautes dans les flaques
Nul orage tu redoutes,
Tu aimes les grands lacs…

Je n'ai la forme de rien
Sauf du creux de tes mains,
De ta gorge assoiffée
Où tu me fais couler.
J'aime rouler sur ton dos
Et perler sur ta peau
De froid ou bien de chaud,
Je suis plus qu'un mot…

                                    …/…

…/…

Je ne suis que de l'eau
D'une chute majestueuse
Ou cascade vertigineuse,
Cette goutte perdue
Ou larme inattendue,
Avec la force d'un titan
Et la douceur du vent…

Nuage, source ou océan
Je ne prends que la forme du temps
Et n'ai que la forme de la vie
Simple, transparente, infinie…

LE SECRET DU FEU

Le secret du feu
Se cache, peureux,
Craignant le furieux
Temps trop pluvieux...

Il aime ce jeu
Si dangereux
Où les fous audacieux
Se brûlent, heureux...

Et tu fais un vœu
Unique, précieux,
Confiant ton aveu
A son corps lumineux

Le secret du feu
Voluptueux et radieux
Dessine en bleu
L'avenir mystérieux

.../...

…/…

Je réchauffe le creux
De mon cœur douloureux
Au doux et silencieux
Brasier de tes yeux…

Le secret du feu
Ne brûle pas ceux
Dont l'amour se veut
Eternel comme le feu…

BLANC

J'ai tracé en gris

Des volutes et des traits…
La solitude du temps
A giflé l'ennui
De ce ciel trop blanc,
De ce regard troublant.

J'ai dessiné en gris

Tant de mots imparfaits,
Tant de rêves défaits,
De miroirs sans reflets,
Que le temps s'est perdu
Dans la courbe des nues…

J'ai dessiné en gris

Tant de sables mouvants
Tant de tapis volants
Qu'il est temps à présent
D'effacer, de gommer
Et d'écrire tout en blanc !

AVEC DES MOTS

Je fais des phrases
Avec des farces, des emphases
Sans fracas, sans fadaise,
Couleur de rose, parfum de fraise

J'écris des lignes
Droites, courbes ou malines
Saluant, si dignes, les signes
Qui les désignent et les dessinent

J'écris des mots rigolos
Eponges du vide et des sanglots
Des mots vrais, jamais gros,
Des mots de clown... Bravo !

A écrire

l'inachevé de la Vie,

on voudrait croire que

Toujours

est un cercle

parfait...

SANS...

Sans poing, sans hache
Sans cri, sans flèche
Sans une goutte de sang,
Sans aucun tremblement,

Sans l'incertitude floue,
Sans ce « peut-être » fou,
Sans pourquoi ni comment,
Sans question évidemment,

D'un éclair du regard
D'un sourire autre part,
Tu briseras ton absence
Et le mur du Silence...

CHULUUJAI

A l'encre de la Terre
Il écrit la prière
Les pieds dans la poussière
Les mains vers la lumière...

Que les Hommes soient sages
Et comprennent le message
Que la Vie enseigne
Lorsque la pierre saigne,
Quand le parfum des fleurs
Enivre de bonheur
Les âmes abandonnées
Aux échos oubliés...

A l'encre de cet air
S'unissent l'univers,
Les chants pleins d'éclairs
Les tambours et leur mystère...

.../...

…/…

Les lacs ont les reflets
D'énergies, de pensées,
Et les montagnes vers le ciel
Confient leurs neiges éternelles

L'avenir est dans ses yeux
Et le cœur immense, heureux
Comme le pas des chevaux
Qui l'emporte au galop...

SAVOIR OU IGNORANCE

Quel est notre savoir ?
Quelle est notre ignorance ?

A l'âge où l'on sait tout
Je ne sais rien du tout,
Sinon l'infime partie qui veut
Me faire croire qu'il pleut
Quand le ciel n'est pas bleu,
Que l'eau éteint le feu...

Mais le feu ne sait pas
Ni comment ni pourquoi
L'amour ne s'éteint pas...
Qui ignore cela ?

.../...

.../...

Quel est le goût du fruit
Pas encore cueilli,
Le parfum du soleil
Sur ma peau qui sommeille,
La couleur de tes yeux
Dans ce soir délicieux ?

J'ignore tant de choses...
Apprends-moi comme explose
La vie sans la douleur
La vie dans la douceur...

Invente-moi le jour
Magicien de l'Amour...

Si

se noyer

sans larme

Est une arme,

Alors

Se noyer

dans une larme

Est un Drame...

CETTE TERRE

J'aimerais,
Sur cette Terre,
Poser un immense silence
Pour n'entendre que l'air

Où les oiseaux danseraient
Des chants multicolores,

Où la rivière se tordrait
Chahutant sur les pierres
Eclaboussant la lumière,

Où l'arbre se dresserait
Fier de contempler
Les siècles traversés
Et les cœurs gravés
Sur son tronc silencieux

J'aimerais
Faire ce rêve heureux
Et inachevé…

Si de la Terre au Ciel

Il y a mille pas,

Et du Ciel à la Terre

Il y a une chute

Alors désormais

La Vie sera

A l'Horizontale !

La chance…

Est-ce un arbre qui pousse
Grandit et fleurit,
Sous lequel on s'attarde
Pour regarder les fruits
Et que l'on oubli de cueillir
Par étourderie ?...

La chance…

Est-ce cette étourderie
Qui nous fera revenir
Pour enfin découvrir
Tous ces arbres qui poussent ?
Ils ont eu la chance de germer
De ces fruits tombés
De ces fruits oubliés…

La chance …

C'est d'être passé là…

... Exister...

Dans

ton sourire...

EN COULEUR

Vert, jaune bleu,
Les couleurs une à une
Se posent peu à peu
Sur la toile de lune...
Quel paysage étrange
Qu'une grenouille dérange
Sautant du bout des pattes,
Joyeuse, à toute hâte...

Rose, mauve, blanc...
Comme c'est touchant
Un oursin se changeant
En papillon élégant !
Si la rose piquait
Sa douceur l'excuserait
Et son parfum troublerait
L'insecte qui volèterait...

Gris, turquoise, céladon...
Tout se lie mais ne se fond,
Tout s'allie dans ce rond,
Coule sous les ponts...
La vie en couleurs
Est l'artiste de mon cœur...

C'est lorsqu'on dépasse

la souffrance,

La douleur,

L'acceptation à avoir mal,

Que l'on sourit enfin

Et survit...

L'ALLEE DES COLONNES

Dans l'allée des Colonnes
Il n'y a plus personne...
Mon appel résonne
Sur la pierre qui grisonne

Le silence aphone
Tristement rayonne,
Et le temps abandonne
Son refrain monotone

Dans l'allée des Colonnes
Je crois que tu chantonnes...
Que la vie nous pardonne
Et l'amour te couronne...

Il y a des mots fabuleux

Ronds et lumineux

Que l'on accroche à des espoirs

Pour émerveiller les miroirs…

UN ROI

Il est, dans ce paysage,
Un être de grand âge,
Autant étrange
Que merveilleux.
Il aime qu'on le dérange
Et contre lui, ferme les yeux,
Bercé de rêveries
Ou par le bruit de la pluie.

Comme il est fort et fier !
Son parfum de fougère,
De soleil et de bois,
Lui confère le droit
De toiser tendrement
Les vents inquiétants.
Les pieds dans la Terre
Il se hisse vers la lumière.

.../...

…/…

Il parle aux nuages
Aux oiseaux de passage ;
Puissant et primitif,
C'est un respect contemplatif
Qui nous laisse sans voix,
La nature a sa foi.
C'est un géant de bois
Un arbre, un vrai roi !

A l'écrire l'impossible

La logique devient invisible,

La réalité s'empare de tes désirs…

J'aimerais te lire…

SOIS

Sois cet Air
Inondé de lumière
Doux et transparent
Me baignant de ton présent

Sois cette Eau
Perlant sur ma peau
Me berçant dans tes mots
M'enlaçant dans tes flots

Sois ce Feu
Fou et dangereux
Sage et audacieux
Comme tu ferais un vœu

Sois cette Ile
Cette terre subtile
Où j'échouerai ma vie fragile
Et sa tendre idylle

Sois Toi
Qui te penche sur moi
Pour lire encore une fois
Cette passion dormant là...